škola - escola		2
cesta - viagem		5
doprava - transporte		8
mesto - cidade		10
terén - paisagem		14
reštaurácia - restaurante		17
supermarket - supermercado		20
nápoje - bebidas		22
jedlo - comida		23
farma - quinta		27
dom - casa		31
obývačka - sala de estar		33
kuchyňa - cozinha		35
kúpeľňa - casa de banho		38
detská izba - quarto de criança		42
šatstvo - vestuário		44
kancelária - escritório		49
hospodárstvo - agricultura		51
povolania - profissões		53
náradie - ferramentas		56
hudobné nástroje - instrumentos musicais		57
ZOO - jardim zoológico		59
šport - desporto		62
aktivity - atividades		63
rodina - família		67
telo - corpo		68
nemocnica - hospital		72
urgentný prípad - emergência		76
Zem - terra		77
hodiny - relógio		79
týždeň - semana		80
rok - ano		81
tvary - formas		83
farby - cores		84
protiklady - opostos		85
čísla - números		88
jazyky - idiomas		90
kto/čo/ako - quem / o quê / como		91
kde - onde		92

AF216125

Impressum
Verlag: BABADADA GmbH, Nedderfeld 112 , 22529 Hamburg
Geschäftsführer / Verlagsleitung: Harald Hof
Druck: Books on Demand GmbH, In de Tarpen 42, 22848 Norderstedt

Imprint
Publisher: BABADADA GmbH, Nedderfeld 112 , 22529 Hamburg, Germany
Managing Director / Publishing direction: Harald Hof
Print: Books on Demand GmbH, In de Tarpen 42, 22848 Norderstedt, Germany

škola
escola

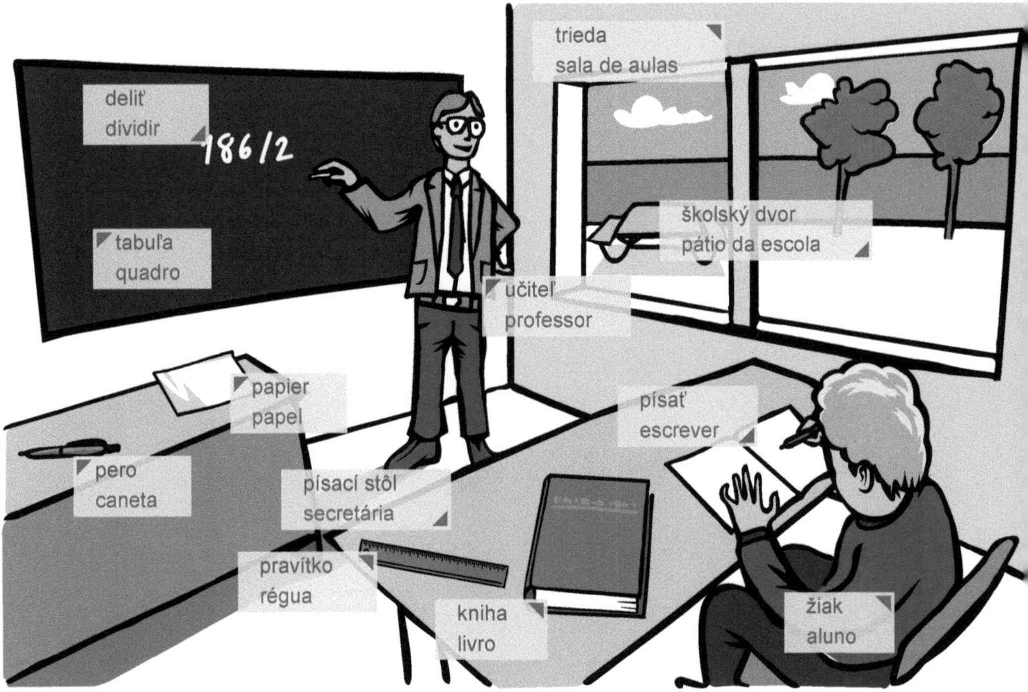
trieda
sala de aulas
deliť
dividir
186/2
tabuľa
quadro
školský dvor
pátio da escola
učiteľ
professor
papier
papel
písať
escrever
pero
caneta
písací stôl
secretária
pravítko
régua
kniha
livro
žiak
aluno

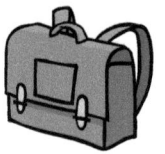

školská taška

mochila

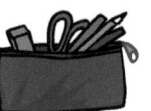

peračník

estojo de lápis

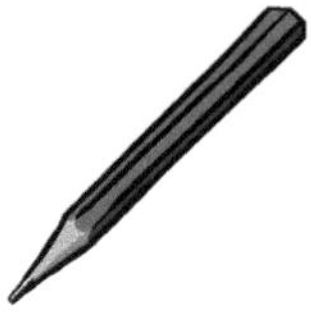

ceruza

lápis

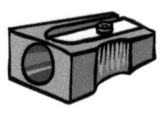

strúhadlo na ceruzky

afia-lápis

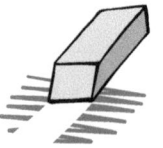

guma

borracha

skicár

bloco de desenho

kresba

desenho

štetec

pincel

vodové farby

caixa de tintas

nožnice

tesoura

lepidlo

cola

cvičný zošit

livro de exercícios

domáca úloha

trabalhos de casa

číslo

número

sčítať

somar

odčítať

subtrair

násobiť

multiplicar

počítať

calcular

písmeno

letra

abeceda

alfabeto

slovo

palavra

text
texto

čítať
ler

krieda
giz

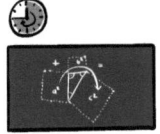

hodina
hora

triedna kniha
registo de presenças

skúška
exame

certifikát
certificado

školská uniforma
uniforme escolar

vzdelanie
educação

encyklopédia
enciclopédia

univerzita
universidade

mikroskop
microscópio

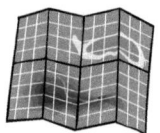

mapa
mapa

kôš na papier
cesto de lixo

cesta
viagem

hotel
hotel
Grand
nocľaháreň
hostel
ROOMS
zmenáreň
casa de câmbio
kufor
mala
auto
carro

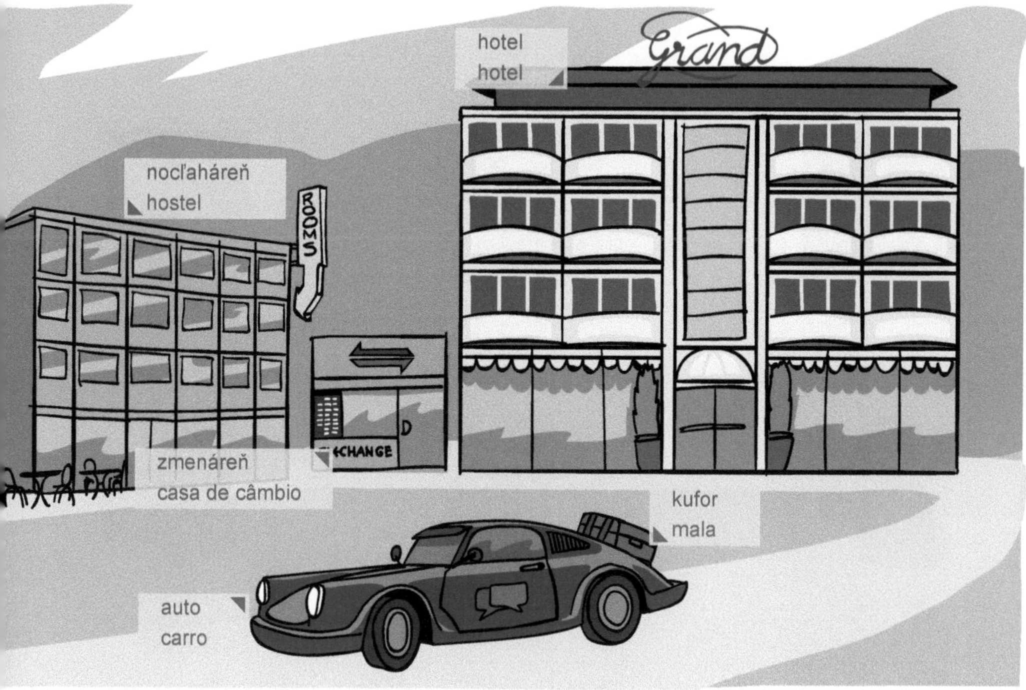

jazyk
idioma

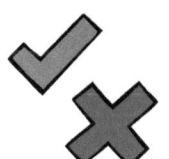

áno/nie
sim / não

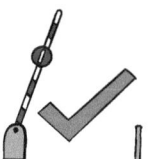

v poriadku
ok / certo / correto

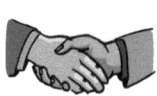

ahoj
olá

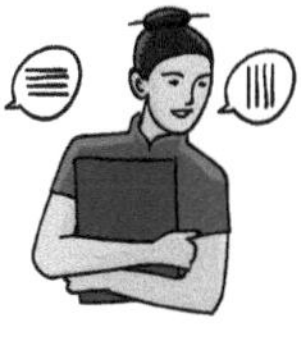

prekladateľ
intérprete

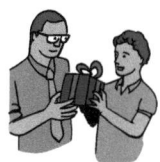

ďakujem
obrigado

Koľko stojí ... ?

quanto é que custa... ?

Nerozumiem

não entendo

problém

problema

Dobrý večer!

boa noite!

Dobré ráno!

Bom dia!

Dobrú noc!

Boa noite!

Dovidenia

adeus

smer

direção

batožina

bagagem

taška

saco

batoh

mochila

hosť

convidado

izba

quarto

spacák

saco-cama

stan

tenda

informácie pre turistov

informação turística

pláž

praia

kreditná karta

cartão de crédito

raňajky

pequeno-almoço

obed

almoço

večera

jantar

cestovný lístok

bilhete

výťah

elevador

poštová známka

selo postal

hranica

fronteira

clo

alfândega

veľvyslanectvo

embaixada

vízum

visto

cestovný pas

passaporte

doprava
transporte

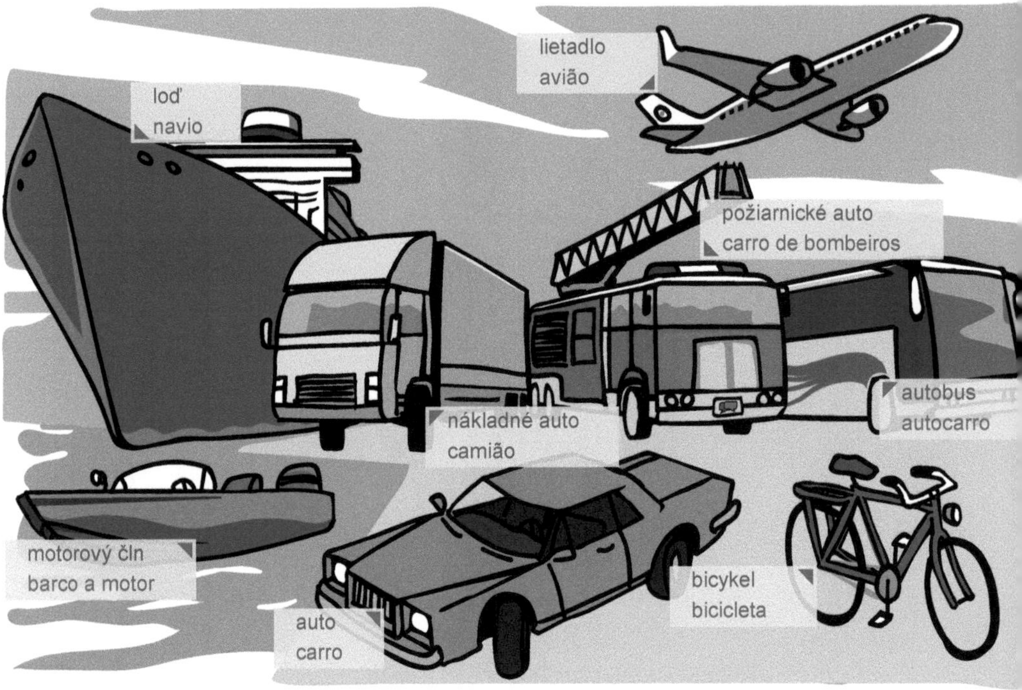

loď
navio
lietadlo
avião
požiarnické auto
carro de bombeiros
nákladné auto
camião
autobus
autocarro
motorový čln
barco a motor
auto
carro
bicykel
bicicleta

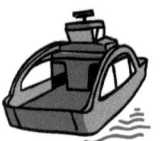

trajekt

cacilheiro

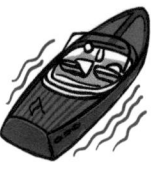

loď

barco

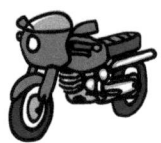

motorka

mota

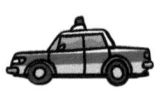

policajné auto

carro de polícia

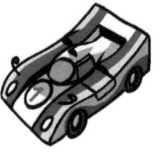

pretekárske auto

carro de corrida

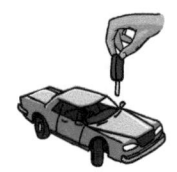

vozidlo z požičovne

carro alugado

carsharing

carsharing

odťahové auto

camião de reboque

smetiarske auto

camião do lixo

motor

motor

benzín

combustível

čerpacia stanica

estação de serviço

dopravná značka

sinal de trânsito

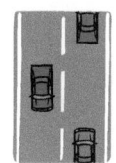

premávka

trânsito

zápcha

congestionamento de trânsito

parkovisko

parque de estacionamento

vlaková stanica

estação ferroviária

trate

carris

vlak

comboio

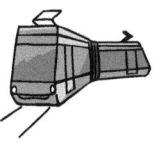

električka

elétrico

vagón

carruagem

helikoptéra

helicóptero

letisko

aeroporto

veža

torre

pasažier

passageiro

kontajner

contentor

kartón

caixa de papelão

vozík

carrinho

kôš

cesto

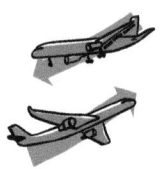

štartovať / pristáť

levantar voo / aterrar

mesto
cidade

dedina

aldeia

centrum mesta

centro da cidade

dom

casa

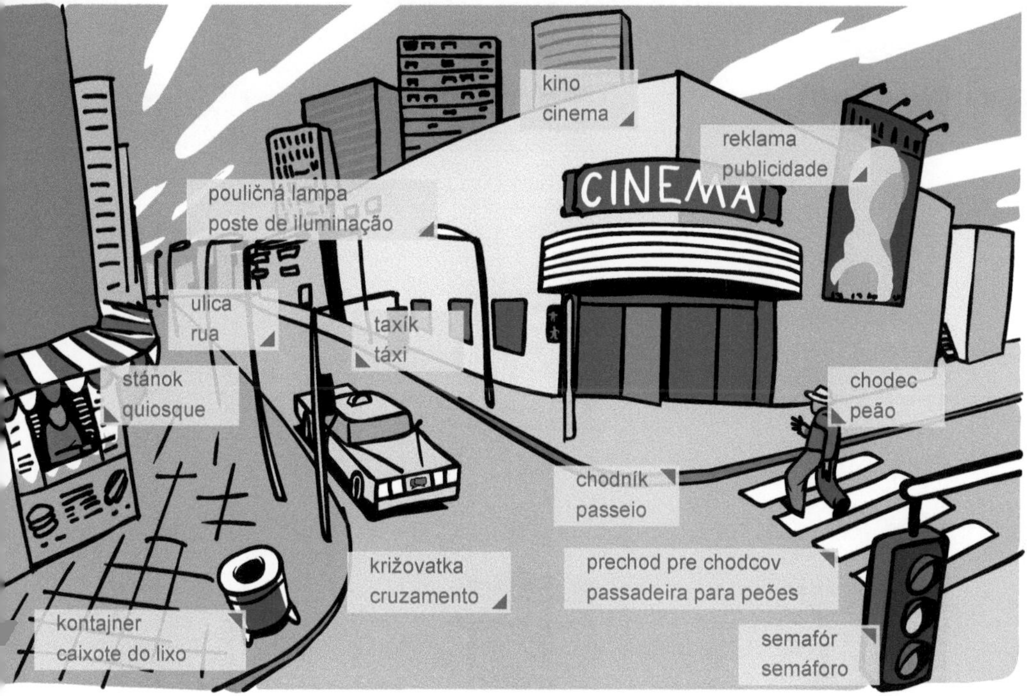
kino
cinema
reklama
publicidade
CINEMA
pouličná lampa
poste de iluminação
ulica
rua
taxík
táxi
stánok
quiosque
chodec
peão
chodník
passeio
križovatka
cruzamento
prechod pre chodcov
passadeira para peões
kontajner
caixote do lixo
semafór
semáforo

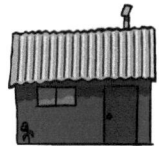

chata

cabana

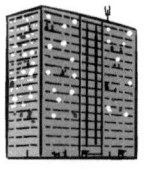

byt

apartamento

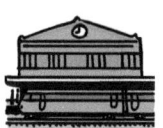

vlaková stanica

estação ferroviária

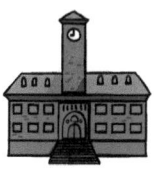

radnica

câmara municipal

MUSEUM

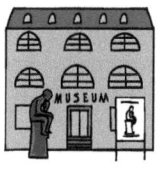

múzeum

museu

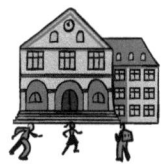

škola

escola

univerzita

universidade

banka

banco

nemocnica

hospital

hotel

hotel

lekáreň

farmácia

kancelária

escritório

kníhkupectvo

livraria

obchod

loja

kvetinárstvo

florista

supermarket

supermercado

trh

mercado

obchodný dom

loja de departamentos

obchodník s rybami

peixaria

nákupné stredisko

centro comercial

prístav

porto

park

parque

lavička

banco

most

ponte

schody

escadas

metro

metro

tunel

túnel

autobusová zastávka

paragem de autocarro

bar

bar

reštaurácia

restaurante

poštová schránka

caixa de correio

tabuľa s názvom ulice

sinal de trânsito

parkovacie hodiny

parquímetro

ZOO

jardim zoológico

plaváreň

piscina

mešita

mesquita

farma
quinta

znečisťovanie životného prostredia
poluição

cintorín
cemitério

kostol
igreja

ihrisko
parque infantil

chrám
templo

terén
paisagem

list
folha

smerová tabuľa
placa de sinalização

cesta
caminho

lúka
prado

kameň
pedra

strom
árvore

turista
caminhantes

rieka
rio

tráva
relva

kvet
flor

dolina
vale

kopec
montanha

jazero
lago

les
floresta

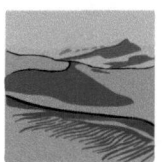

púšť
deserto

vulkán
vulcão

zámok
castelo

dúha
arco-íris

hríb
cogumelo

palma
palma

komár
mosquito

mucha
mosca

mravec
formiga

včela
abelha

pavúk
aranha

chrobák
besouro

žaba
sapo

veverička
esquilo

jež
ouriço

zajac
lebre

sova
coruja

vták
pássaro

labuť
cisne

diviak
javali

jeleň
veado

los
alce

hrádza
barragem

veterná turbína
turbina eólica

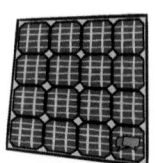

solárny panel
painel solar

podnebie
clima

čašník
empregado de mesa

jedálny lístok
menu

stolička
cadeira

polievka
sopa

pizza
pizza

obrus
toalha de mesa

príbor
talheres

predjedlo

entrada

hlavné jedlo

prato principal

zákusok

sobremesa

nápoje

bebidas

jedlo

comida

fľaša

garrafa

fast-food

fast food

street food

comida de rua

kanvica na čaj

bule de chá

cukornička

açucareiro

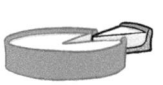

porcia

porção

stroj na espresso

máquina de café expresso

detská stolička

cadeira alta

účet

conta

podnos

bandeja

nôž

faca

vidlička

garfo

lyžica

colher

čajová lyžička

colher de chá

obrúsok

guardanapo

pohár

copo

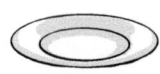

tanier

prato

hlboký tanier

prato de sopa

podšálka

pires

omáčka

molho

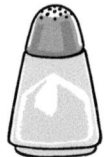

soľnička

saleiro

mlynček na korenie

moinho de pimenta

ocot

vinagre

olej

óleo

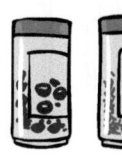

korenie

especiarias

kečup

ketchup

horčica

mostarda

majonéza

maionese

supermarket
supermercado

špeciálna ponuka
oferta especial
FOR
klient
cliente
mliečne výrobky
laticínios
ovocie
fruta
nákupný vozík
carrinho de compras

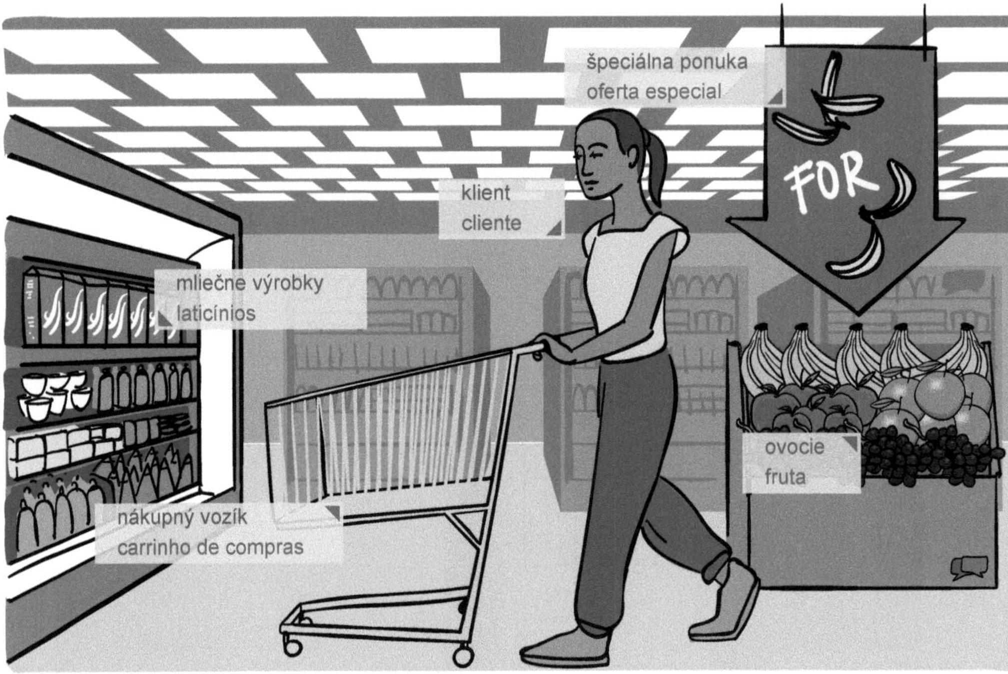

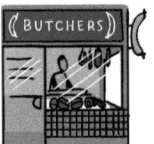

BUTCHERS

mäsiarstvo

talho

BAKERY

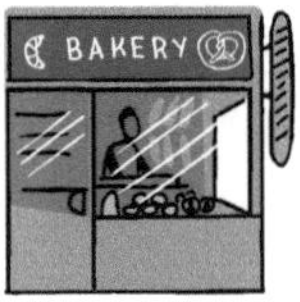

pekáreň

padaria

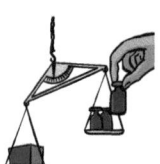

vážiť

pesar

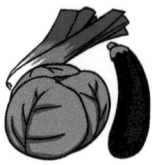

zelenina

vegetais

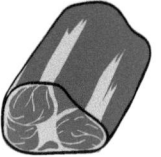

mäso

carne

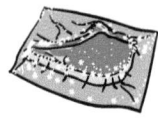

mrazené potraviny

alimentos congelados

nárez

charcutaria

konzervy

comida enlatada

prací prostriedok

detergente em pó

sladkosti

doces

domáce potreby

artigos domésticos

čistiace prostriedky

produtos de limpeza

predavačka

vendedora

pokladňa

caixa

pokladník

caixa

nákupný zoznam

lista de compras

otváracie hodiny

horário de funcionamento

peňaženka

carteira

kreditná karta

cartão de crédito

taška

saco

plastové vrecko

saco de plástico

voda

água

džús

sumo

mlieko

leite

kola

coca-cola

víno

vinho

pivo

cerveja

alkohol

álcool

kakao

cacau

čaj

chá

káva

café

espresso

café expresso

kapučíno

capuccino

banán

banana

jablko

maçã

pomaranč

laranja

melón

melão

citrón

limão

mrkva

cenoura

cesnak

alho

bambus

bambu

cibuľa

cebola

hríb

cogumelo

orechy

nozes

rezance

talharim

špagety

esparguete

ryža

arroz

šalát

salada

hranolky

batatas fritas

pečené zemiaky

batatas fritas

pizza

pizza

hamburger

hambúrguer

obložený chlebík

sanduíche

rezeň

bife panado

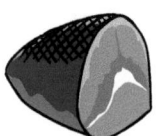

šunka

fiambre

saláma

salame

klobása

salsicha

kurča

galinha

pečené mäso

assado

ryba

peixe

ovsené vločky

flocos de aveia

müsli

muesli

kukuričné lupienky

flocos de milho

múka

farinha

croissant

croissant

pečivo

carcaça (pãozinho)

chlieb

pão

hrianka

torrada

sušienky

biscoitos

maslo

manteiga

tvaroh

requeijão

koláč

bolo

vajce

ovo

volské oko

ovo estrelado

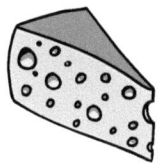

syr

queijo

zmrzlina

gelado

cukor

açúcar

med

mel

lekvár

compota

nugátová nátierka

creme de nougat

karí korenie

caril

jedlo - comida

farma
quinta

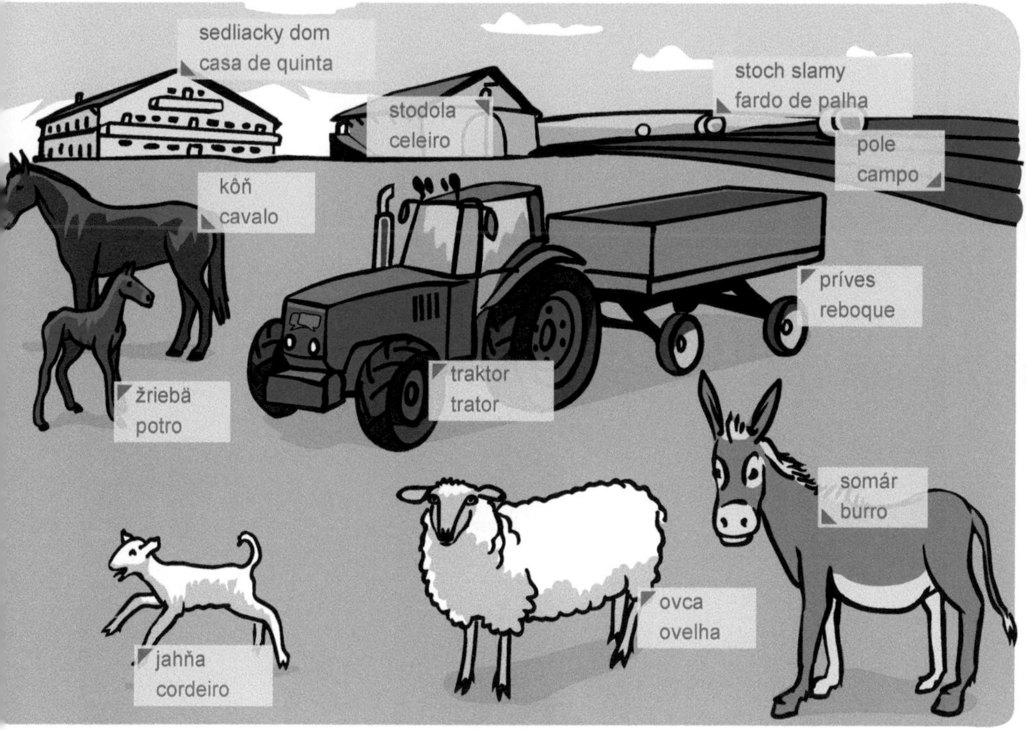
sedliacky dom
casa de quinta
stoch slamy
fardo de palha
stodola
celeiro
pole
campo
kôň
cavalo
príves
reboque
traktor
trator
žriebä
potro
somár
burro
ovca
ovelha
jahňa
cordeiro

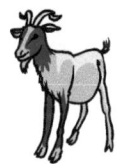

koza

cabra

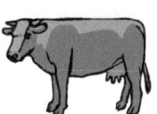

krava

vaca

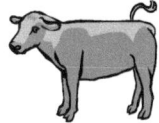

teľa

bezerro

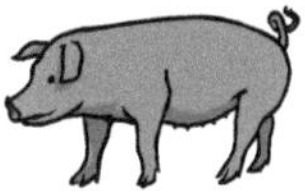

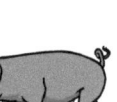

prasa

porco

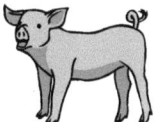

prasiatko

leitão

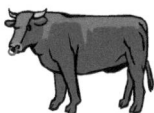

býk

touro

hus

ganso

kačica

pato

kuriatko

pintaínho

sliepka

galinha

kohút

galo

potkan

ratazana

mačka

gato

myš

rato

vôl

boi

pes

cão

psia búda

casota

záhradná hadica

mangueira de jardim

krhla

regador

kosa

foice

pluh

arado

kosák

foice

motyka

enxada

vidly na hnoj

forquilha

sekera

machado

fúrik

carrinho de mão

koryto

manjedoura

kanva na mlieko

jarro de leite

vrece

saco

plot

cerca

maštaľ

estábulo

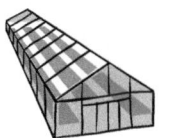

skleník

estufa

pôda

solo

osivo

semente

hnojivo

fertilizante

kombajn

ceifeira-debulhadora

žať
colher

žatva
colheita

baták
inhame

pšenica
trigo

sója
soja

zemiak
batata

kukurica
milho

repka
colza

ovocný strom
árvore de fruto

maniok
mandioca

obilie
cereais

komín
chaminé

strecha
telhado

dažďový odkvap
caleira

okno
janela

garáž
garagem

zvonček
campainha da porta

dvere
porta

odpadkový kôš
balde do lixo

poštová schránka
caixa de correio

záhrada
jardim

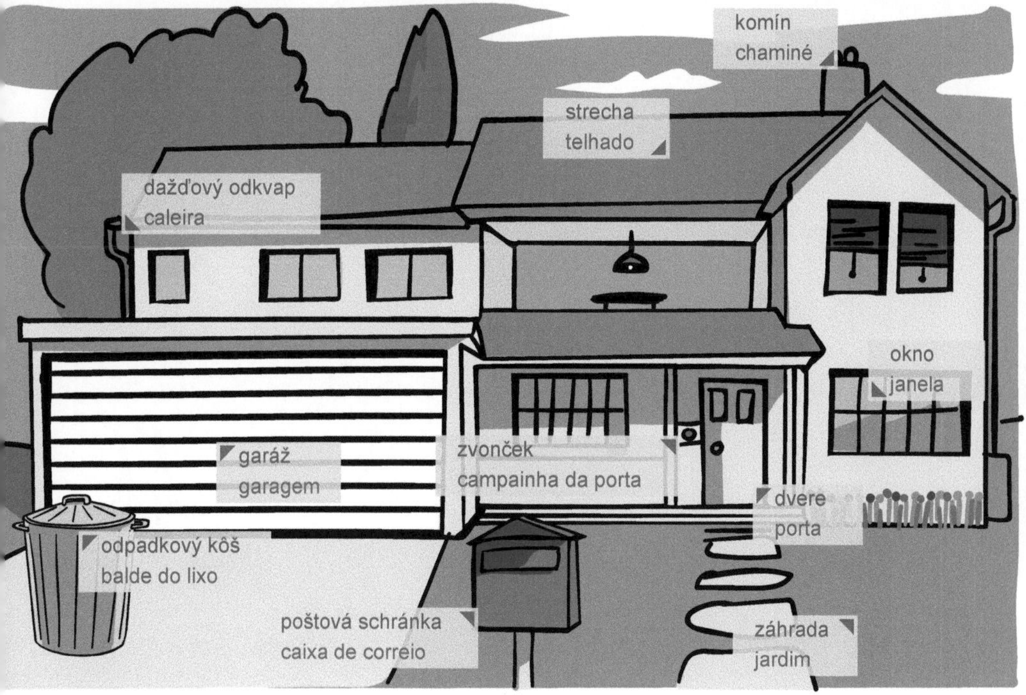

obývačka

sala de estar

kúpeľňa

casa de banho

kuchyňa

cozinha

spálňa

quarto de dormir

detská izba

quarto de criança

jedáleň

sala de jantar

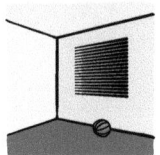

podlaha

chão

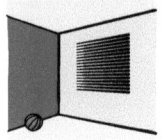

stena

parede

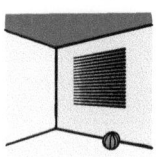

strop

teto

pivnica

cave

sauna

sauna

balkón

varanda

terasa

terraço

bazén

piscina

kosačka

máquina de cortar relvado

obliečka

lençol

posteľná prikrývka

cobertor

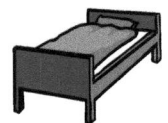

posteľ

cama

metla

vassoura

vedro

balde

vypínač

interruptor

obývačka
sala de estar

tapeta
papel de parede
obraz
imagem
lampa
lâmpada
regál
prateleira
skriňa
armário
televízor
televisão
kozub
lareira
kvet
flor
vankúš
almofada
pohovka
sofá
váza
vaso
diaľkové ovládanie
controlo remoto

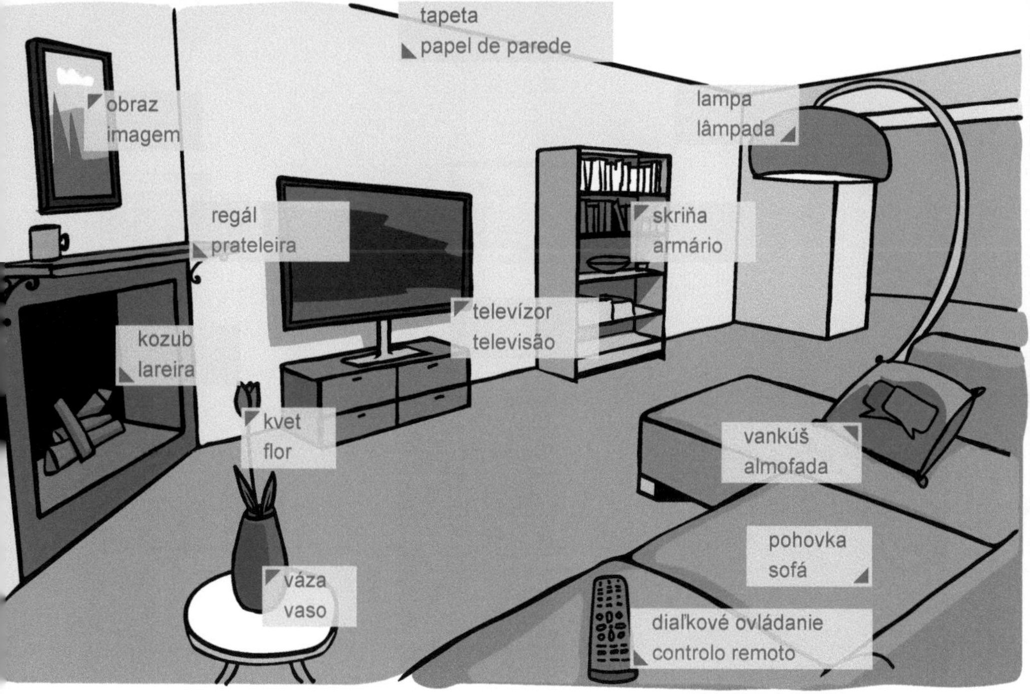

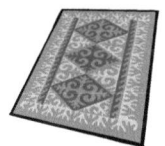

koberec
tapete

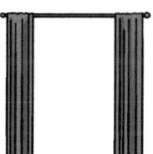

záclona
cortina

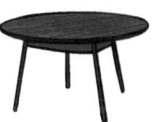

stôl
mesa

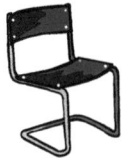

stolička
cadeira

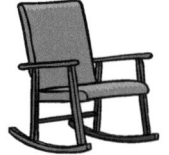

hojdacie kreslo
cadeira de baloiço

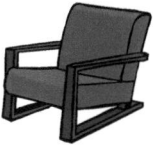

kreslo
poltrona

kniha

livro

prikrývka

cobertor

dekorácia

decoração

drevo na kúrenie

lenha

film

filme

hi-fi veža

sistema estéreo

kľúč

chave

noviny

jornal

maľba

pintura

plagát

póster

rádio

rádio

zápisník

bloco de notas

vysávač

aspirador

kaktus

cato

sviečka

vela

kuchyňa
cozinha

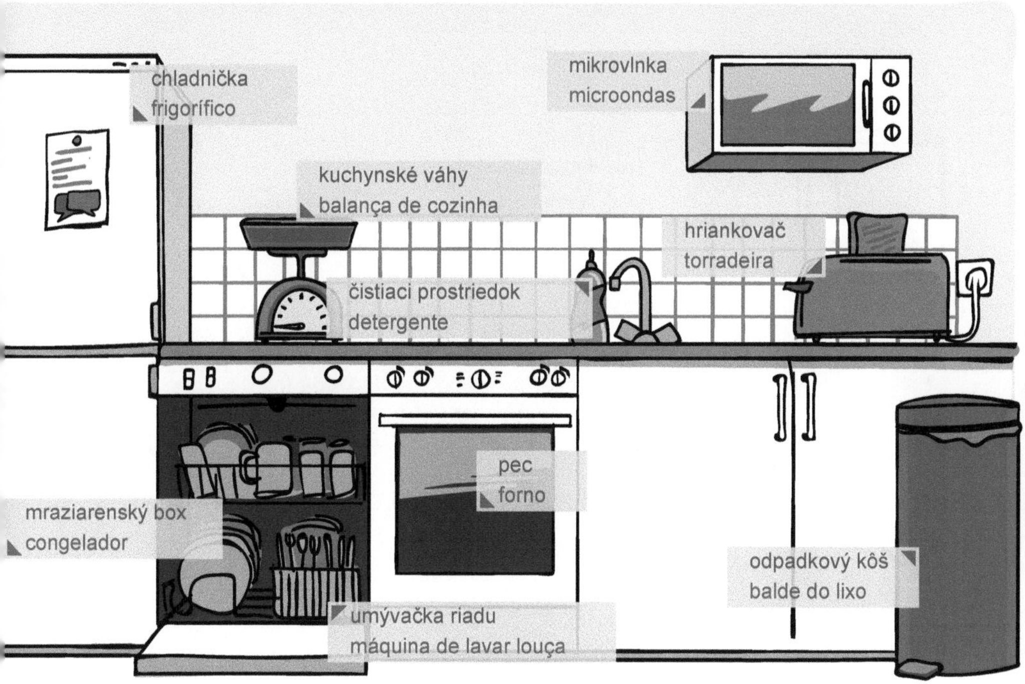
chladnička
frigorífico
mikrovlnka
microondas
kuchynské váhy
balança de cozinha
hriankovač
torradeira
čistiaci prostriedok
detergente
pec
forno
mraziarenský box
congelador
odpadkový kôš
balde do lixo
umývačka riadu
máquina de lavar louça

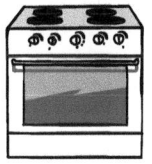

sporák
fogão

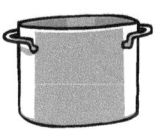

hrniec
panela

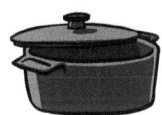

železný hrniec
panela de ferro

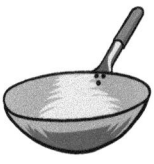

wok / kadai
wok / kadai

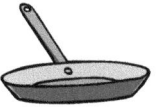

panvica
frigideira

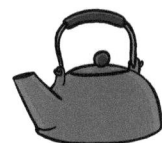

rýchlovarná kanvica
chaleira

parný hrniec

panela a vapor

plech na pečenie

tabuleiro de forno

riad

louça

pohár

caneca

misa

tigela

paličky

pauzinhos

naberačka na polievku

concha de sopa

stierka

espátula

metlička

batedor de claras

cedidlo

escorredor

sitko

peneira

strúhadlo

ralador

mažiar

almofariz

gril

churrasqueira

ohnisko

lareira

doska na krájanie

tábua de cortar

valček na cesto

rolo da massa

vývrtka

saca-rolhas

konzerva

lata

otvárač na konzervy

abridor de latas

chňapka

luvas de forno

výlevka

lava-loiça

kefa

escova

hubka

esponja

mixér

liquidificador

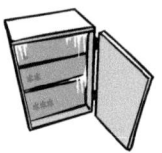

mraznička

arca frigorífica

kojenecká fľaša

biberão

vodovodný kohútik

torneira

kúpeľňa
casa de banho

kúrenie
aquecimento
sprcha
chuveiro
uterák
toalha
sprchový záves
cortina de chuveiro
pena do kúpeľa
banho de espuma
vaňa
banheira
pohár
copo
práčka
máquina de lavar roupa
vodovodný kohútik
torneira
dlaždice
azulejos
nočník
penico
výlevka
lava-loiça

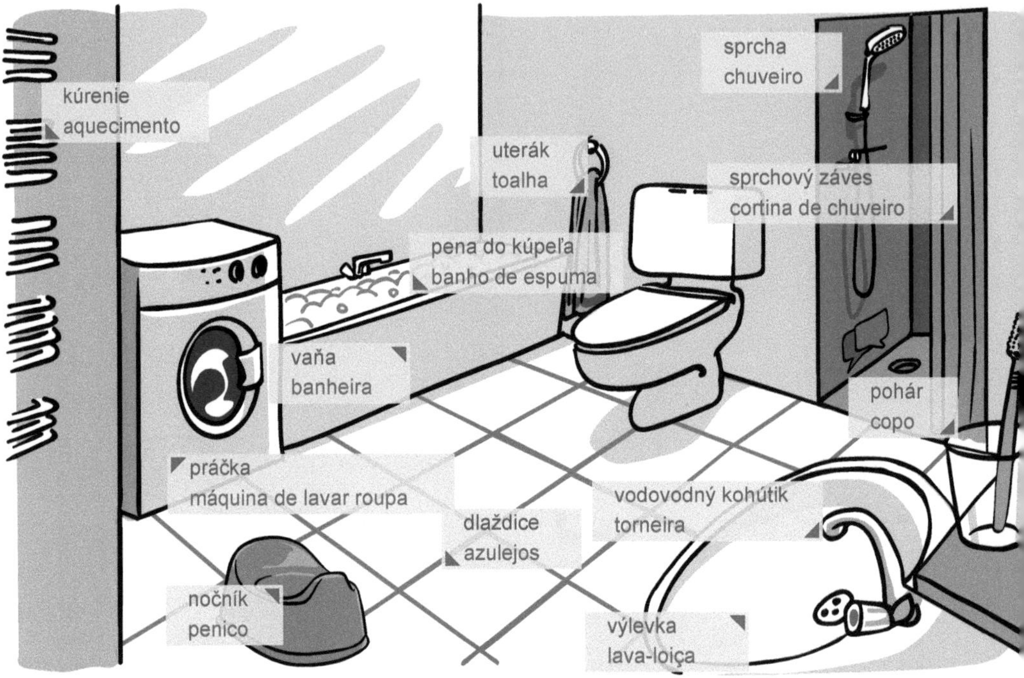

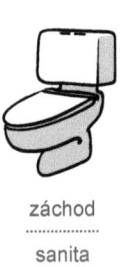

záchod

sanita

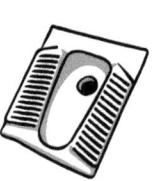

suchý záchod

retrete turca

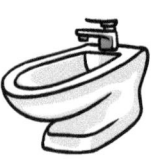

bidet

bidé

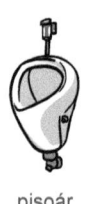

pisoár

urinol

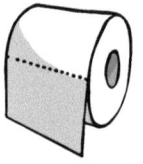

toaletný papier

papel higiénico

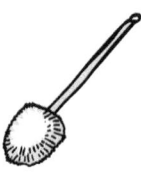

záchodová kefa

piaçaba

zubná kefka

escova de dentes

zubná pasta

pasta de dentes

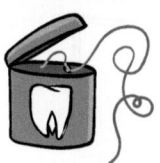

dentálna niť

fio dentário

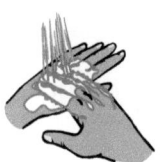

umývať

lavar

ručná sprcha

chuveiro de mão

sprcha pre intímnu hygienu

duche íntimo

umývadlo

bacia

kefa na chrbát

escova para as costas

mydlo

sabonete

sprchový gél

gel de banho

šampón

champô

frotírová rukavica

toalha de rosto

odtok

escoamento

krém

creme

dezodorant

desodorizante

zrkadlo

espelho

kozmetické zrkadlo

espelho de mão

žiletka

máquina de barbear

pena na holenie

creme de barbear

voda po holení

loção pós-barba

hrebeň

pente

kefa

escova

sušič vlasov

secador de cabelo

sprej na vlasy

spray de cabelo

make-up

maquilhagem

rúž

batom

lak na nechty

verniz de unhas

vata

algodão

nožnice na nechty

tesoura para unhas

parfum

perfume

kozmetická taška

nécessaire

stolček

tamborete

váha

balança

kúpací plášť

roupão de banho

gumové rukavice

luvas de borracha

tampón

tampão

menštruačná vložka

penso higiénico

chemické WC

WC químico

detská izba
quarto de criança

budík
despertador
plyšová hračka
peluche
hračkárske auto
carro de brincar
hrkálka
chocalho
domček pre bábiky
casa de bonecas
dar
presente

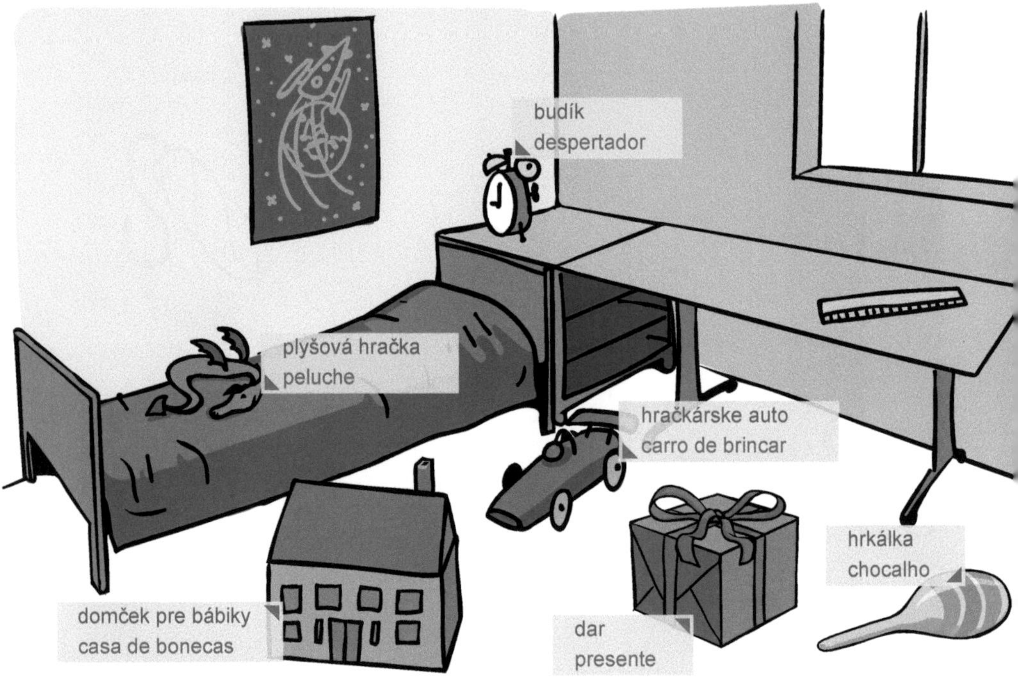

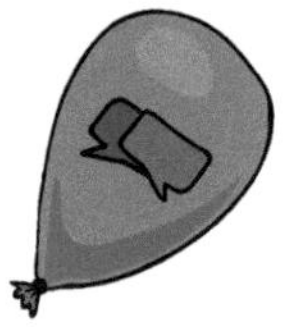

balón
balão

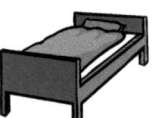

posteľ
cama

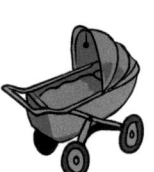

detský kočík
carrinho de bebé

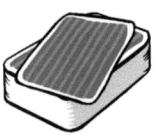

karty
jogo de cartas

puzzle
quebra-cabeças

SUPER MEGA

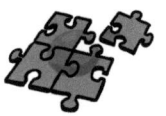

komix
banda desenhada

skladačka lego

peças de Lego

stavebnica

blocos de construção

akčná postavička

figura de ação

dupačky

fato de bebé

lietajúci tanier

Frisbee

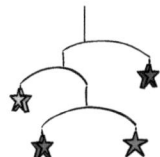

závesné hračky

móbile para bebé

stolová hra

jogo de tabuleiro

kocka

dados

modelový vláčik

pista de comboio elétrico

cumlík

chupeta

párty

festa

obrázková kniha

livro ilustrado

lopta

bola

bábika

boneca

hrať sa

jogar

pieskovisko

caixa de areia

hojdačka

baloiço

hračky

brinquedos

hracia konzola

consola de jogos

trojkolka

triciclo

medvedík

ursinho de peluche

šatník

guarda-roupa

šatstvo
vestuário

ponožky

meias

pančuchy

meias pelo joelho

pančuchové nohavičky

meias-calças

šál
cachecol

dáždnik
guarda-chuva

tričko
t-shirt

opasok
cinto

čižmy
botas

papuče
chinelos

tenisky
sapatilhas

sandále
·············
sandálias

topánky
·············
sapatos

gumáky
·············
botas de borracha

spodky
·············
cuecas

podprsenka
·············
sutiã

tielko
·············
camisola interior

šatstvo - vestuário   45

body
body

nohavice
calças

džínsy
calças de ganga

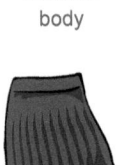

sukňa
saia

blúzka
blusa

košeľa
camisa

pulóver
pulôver

sveter
camisola com capuz

blejzer
blazer

bunda
casaco

kabát
manto

pršiplášť
gabardina

kostým
traje

šaty
vestido

svadobné šaty
vestido de casamento

oblek
fato

nočná košeľa
camisa de dormir

pyžamo
pijama

sari
sari

šatka na hlavu
lenço de cabeça

turban
turbante

burka
burca

kaftan
cafetã

abaja
abaya

dvojdielne plavky
fato de banho

plavky
calções de banho

šortky
calções

tepláková súprava
fato de treino

zástera
avental

rukavice
luvas

gombík

botão

okuliare

óculos

náramok

pulseira

retiazka

colar

prsteň

anel

náušnica

brinco

čiapka

boné

vešiak

cabide

klobúk

chapéu

kravata

gravata

zips

fecho de correr

prilba

capacete

traky

suspensórios

školská uniforma

uniforme escolar

uniforma

uniforme

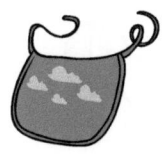

podbradník

babete

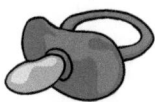

cumlík

chupeta

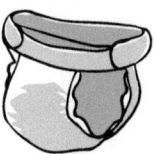

plienka

fralda

kancelária
escritório

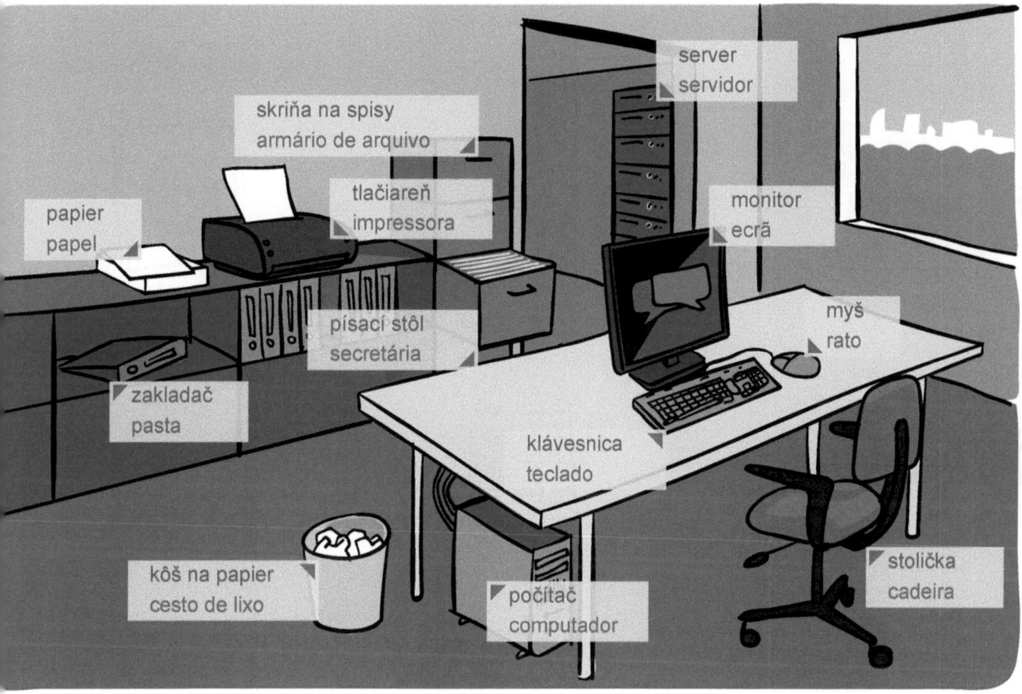
server
servidor
skriňa na spisy
armário de arquivo
papier
papel
tlačiareň
impressora
monitor
ecrã
myš
rato
písací stôl
secretária
zakladač
pasta
klávesnica
teclado
kôš na papier
cesto de lixo
počítač
computador
stolička
cadeira

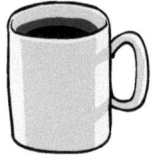

hrnček na kávu

caneca de café

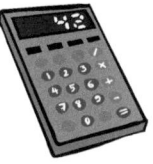

kalkulačka

calculadora

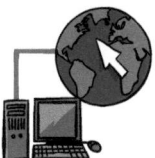

internet

internet

laptop

computador portátil

list

carta

správa

mensagem

mobil

telemóvel

sieť

rede

kopírka

fotocopiadora

softvér

software

telefón

telefone

elektrická zásuvka

tomada elétrica

fax

fax

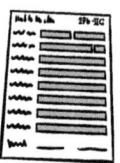

formulár

formulário

doklad

documento

kúpiť
....
comprar

platiť
....
pagar

obchodovať
....
negociar

peniaze
....
dinheiro

 **USD**

dolár
....
dólar

 **EUR**

euro
....
euro

 **JPY**

jen
....
yen

 **RUB**

rubeľ
....
rublo

 **CHF**

švajčiarsky frank
....
franco suíço

 **CNY**

čínsky jüan
....
renminbi yuan

 **INR**

rupia
....
rupia

bankomat
....
caixa de multibanco

zmenáreň

casa de câmbio

zlato

ouro

striebro

prata

ropa

petróleo

energia

energia

cena

preço

zmluva

contrato

daň

imposto

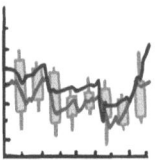

akcia

ação

pracovať

trabalhar

zamestnanec

empregado

zamestnávateľ

entidade patronal

továreň

fábrica

obchod

loja

povolania
profissões

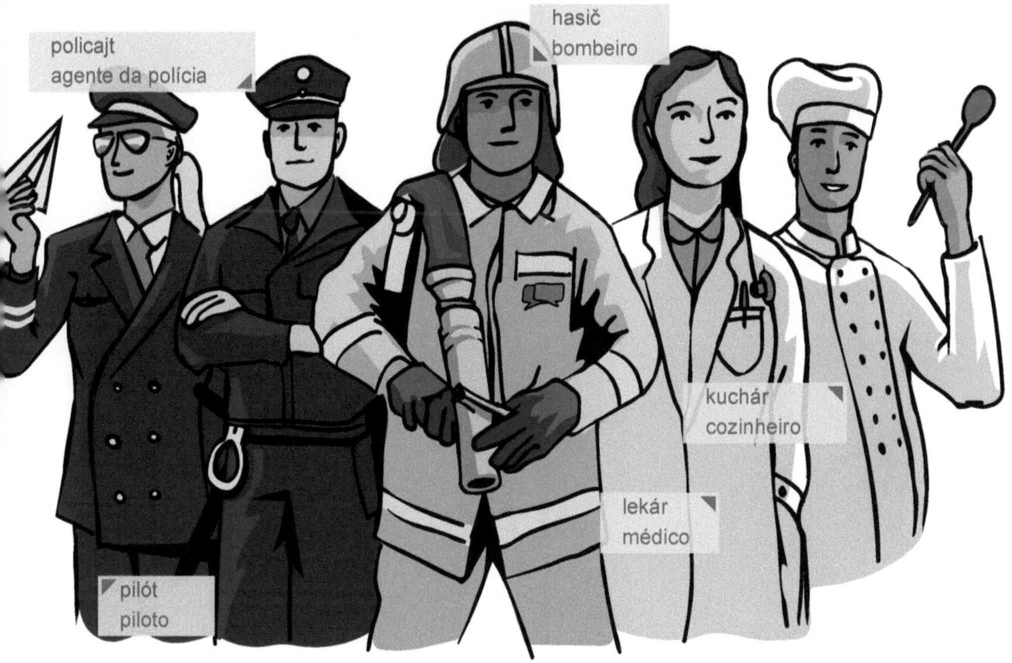

policajt
agente da polícia
hasič
bombeiro
kuchár
cozinheiro
lekár
médico
pilót
piloto

záhradník

jardineiro

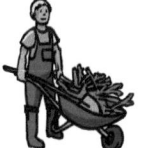

stolár

carpinteiro

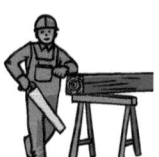

krajčírka

costureira

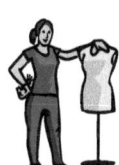

sudca

juiz

chemik

químico

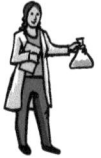

herec

ator

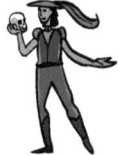

vodič autobusu

motorista de autocarro

taxikár

motorista de táxi

rybár

pescador

upratovačka

empregada de limpeza

pokrývač

telhador

čašník

empregado de mesa

poľovník

caçador

maliar

pintor

pekár

padeiro

elektrikár

eletricista

stavebný robotník

construtor

inžinier

engenheiro

mäsiar

talhante

klampiar

canalizador

poštár

carteiro

vojak

soldado

architekt

arquiteto

pokladník

caixa

kvetinár

florista

kaderník

cabeleireiro

sprievodca

controlador de bilhetes

mechanik

mecânico

kapitán

capitão

zubár

dentista

vedec

cientista

rabín

rabino

imám

imã

mních

monge

farár

pastor

náradie
ferramentas

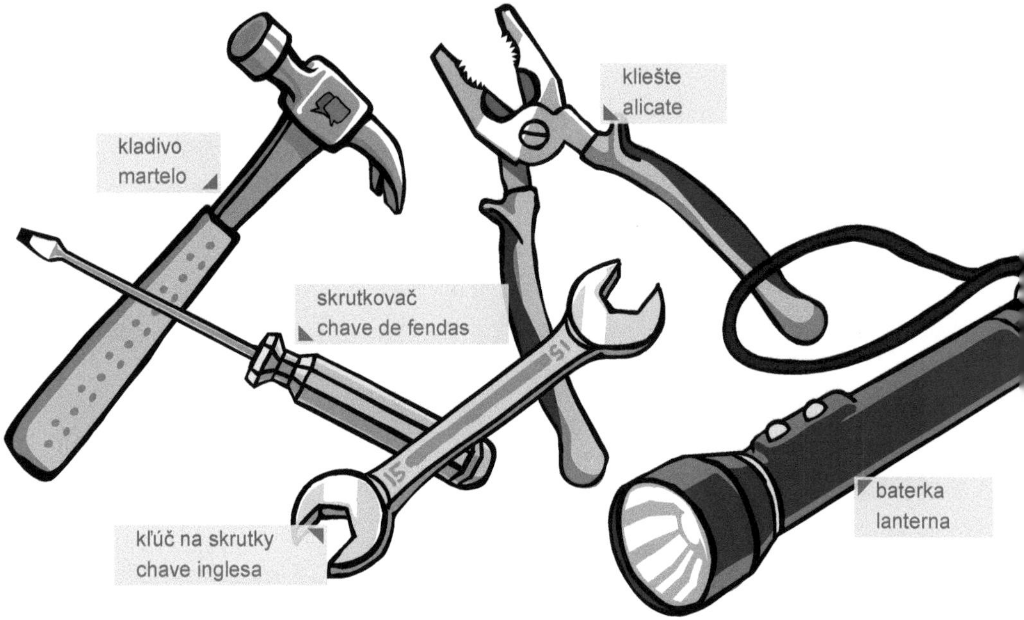
kladivo
martelo
kliešte
alicate
skrutkovač
chave de fendas
kľúč na skrutky
chave inglesa
baterka
lanterna

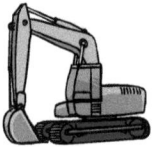

bager

escavadora

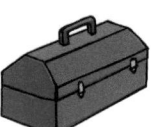

súprava náradia

caixa de ferramentas

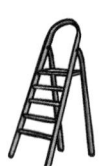

rebrík

escadote

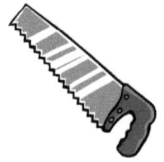

pílka

serra

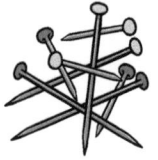

klince

pregos

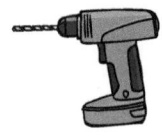

vrták

broca

opraviť
....
reparar

lopata
....
pá

Do čerta!
....
porcaria!

lopatka na smeti
....
pá de lixo

nádoba s farbou
....
pote de tinta

skrutky
....
parafusos

hudobné nástroje
instrumentos musicais

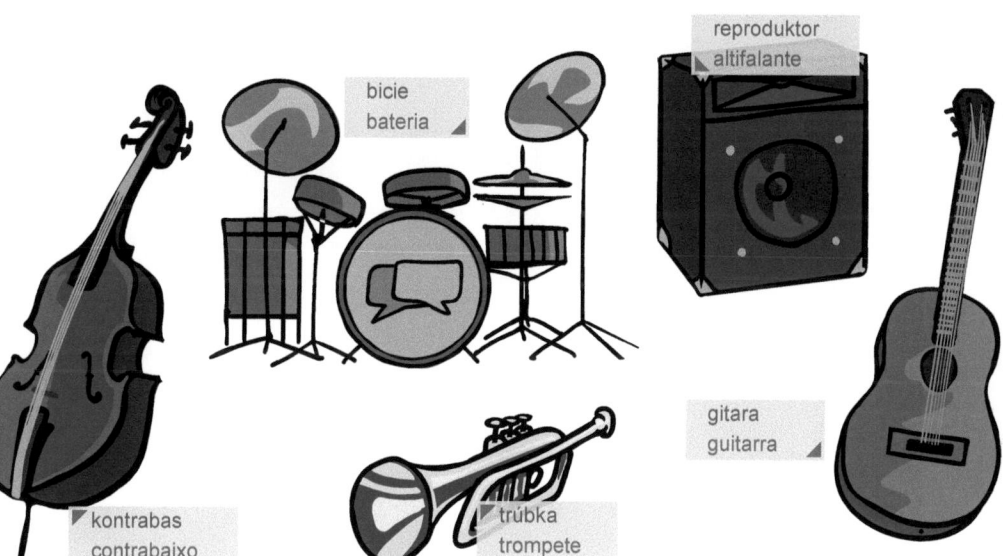

reprodutor
altifalante

bicie
bateria

gitara
guitarra

kontrabas
contrabaixo

trúbka
trompete

klavír
piano

husle
violino

basa
baixo

tympany
timbales

bubon
tambor

klávesnica
teclado

saxofón
saxofone

flauta
flauta

mikrofón
microfone

ZOO

jardim zoológico

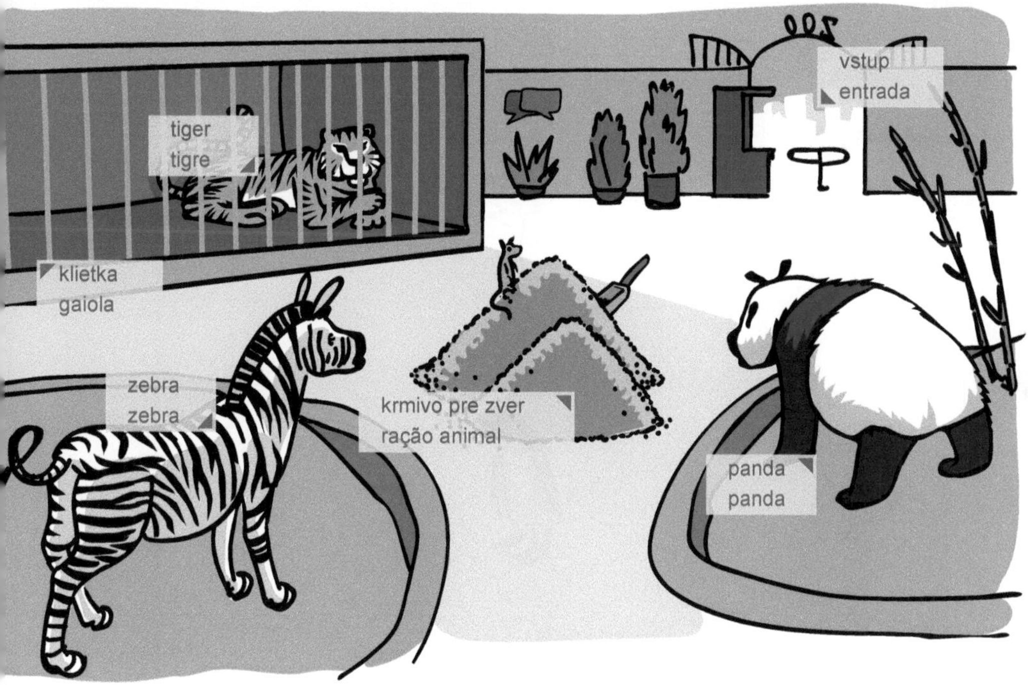
vstup
entrada
tiger
tigre
klietka
gaiola
zebra
zebra
krmivo pre zver
ração animal
panda
panda

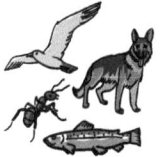

zvieratá

animais

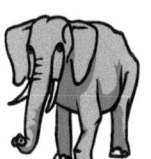

slon

elefante

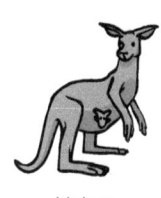

klokan

canguru

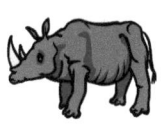

nosorožec

rinoceronte

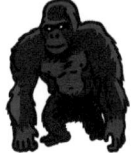

gorila

gorila

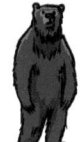

medveď

urso

ťava

camelo

pštros

avestruz

lev

leão

opica

macaco

plameniak

flamingo

papagáj

papagaio

ľadový medveď

urso polar

tučniak

pinguim

žralok

tubarão

páv

pavão

had

cobra

krokodíl

crocodilo

ošetrovateľ v ZOO

guarda do jardim zoológico

tuleň

foca

jaguár

jaguar

poník
pónei

leopard
leopardo

hroch
hipopótamo

žirafa
girafa

orol
águia

diviak
javali

ryba
peixe

korytnačka
tartaruga

mrož
morsa

líška
raposa

gazela
gazela

americký futbal
futebol americano

cyklistika
ciclismo

tenis
ténis

basketbal
basquetebol

plávanie
natação

box
boxe

hokej
hóquei no gelo

futbal
futebol

bedminton
badminton

ľahká atletika
atletismo

hádzaná
andebol

lyžovanie
esqui

pólo
polo

aktivity
atividades

smiať sa
rir
skočiť
saltar
objať
abraçar
chodiť
andar
spievať
cantar
snívať
sonhar
modliť sa
rezar
pobozkať
beijar

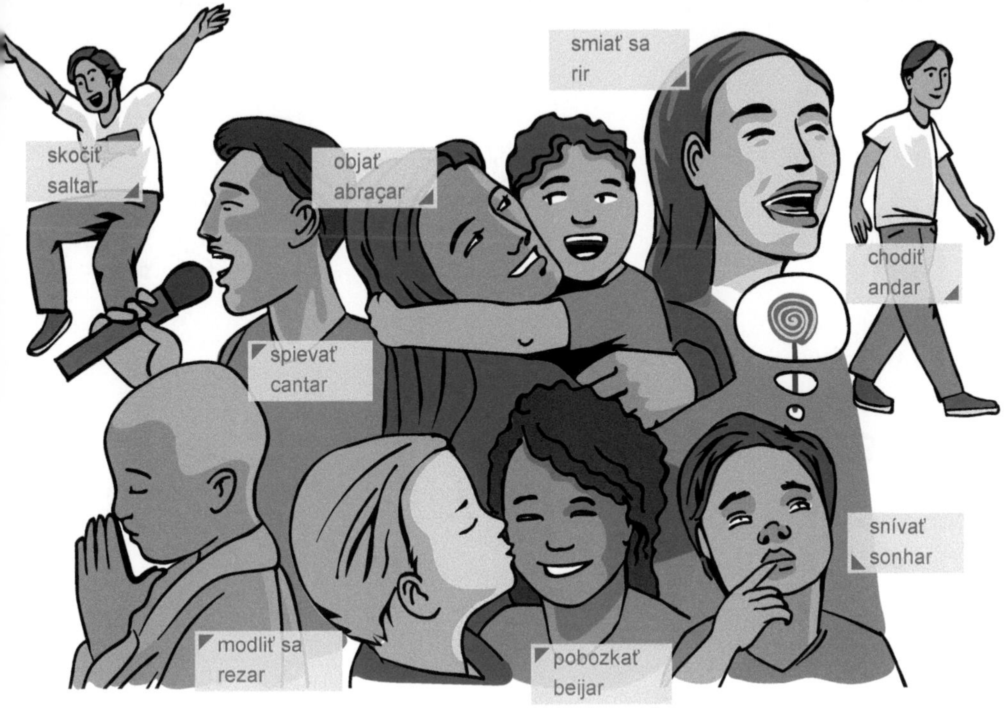

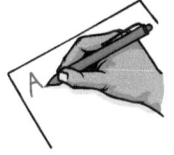

písať
....
escrever

kresliť
....
desenhar

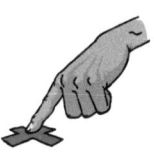

ukázať
....
mostrar

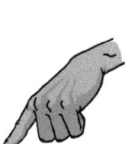

tlačiť
....
empurrar

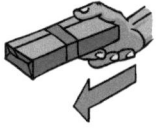

dať
....
dar

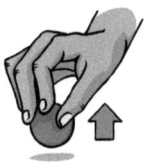

brať
....
tomar

mať

ter

robiť

fazer

byť

ser

stáť

ficar de pé

bežať

correr

ťahať

puxar

hádzať

remessar

padnúť

cair

ležať

deitar

čakať

esperar

nosiť

carregar

sedieť

sentar

obliecť sa

vestir

spať

dormir

zobudiť sa

acordar

aktivity - atividades

pozerať

olhar para

plakať

chorar

hladkať

acariciar

česať

pentear

hovoriť

falar

rozumieť

compreender

pýtať sa

perguntar

počuť

ouvir

piť

beber

jesť

comer

upratať

arrumar

milovať

amar

variť

cozinhar

jazdiť

conduzir

letieť

voar

plachtiť

velejar

počítať

calcular

čítať

ler

učiť sa

aprender

pracovať

trabalhar

oženiť

casar

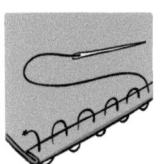

šiť

costurar

čistiť zuby

escovar os dentes

zabiť

matar

fajčiť

fumar

poslať

enviar

rodina
família

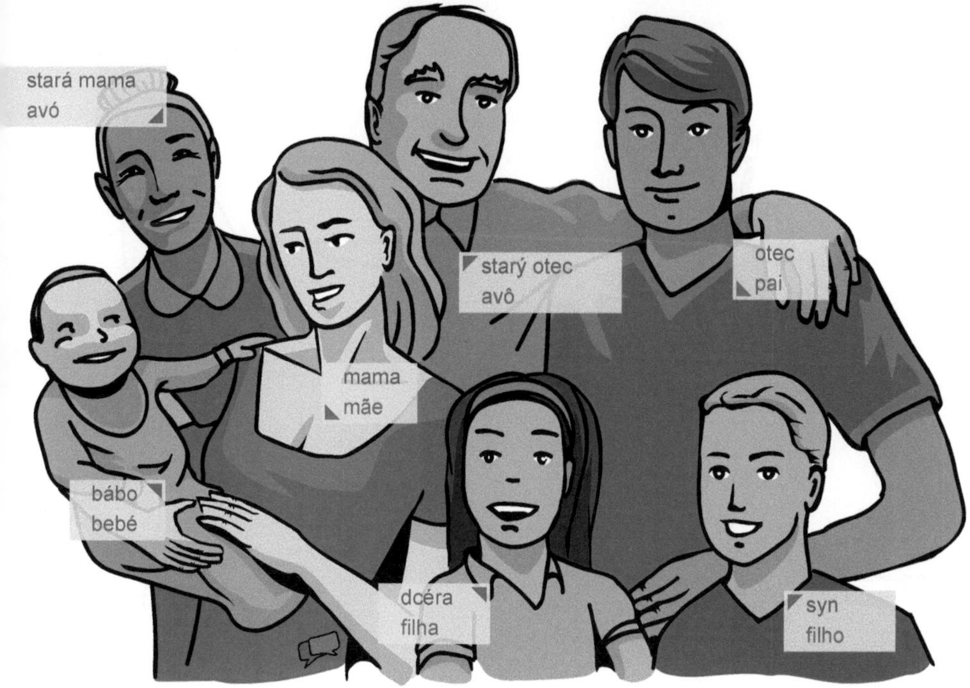

stará mama
avó
starý otec
avô
otec
pai
mama
mãe
bábo
bebé
dcéra
filha
syn
filho

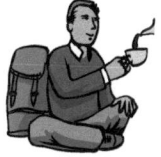

hosť
convidado

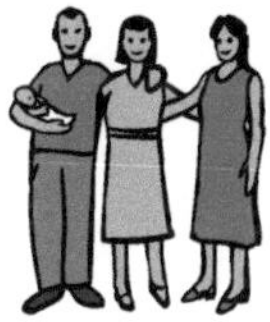

teta
tia

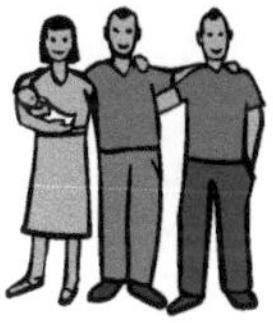

strýko
tio

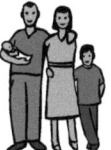

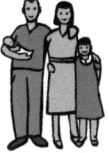

brat
irmão

sestra
irmã

telo

corpo

čelo
testa
oko
olho
plece
ombro
prst
dedo
tvár
cara
brada
queixo
ruka
mão
noha
perna
hruď
peito
rameno
braço

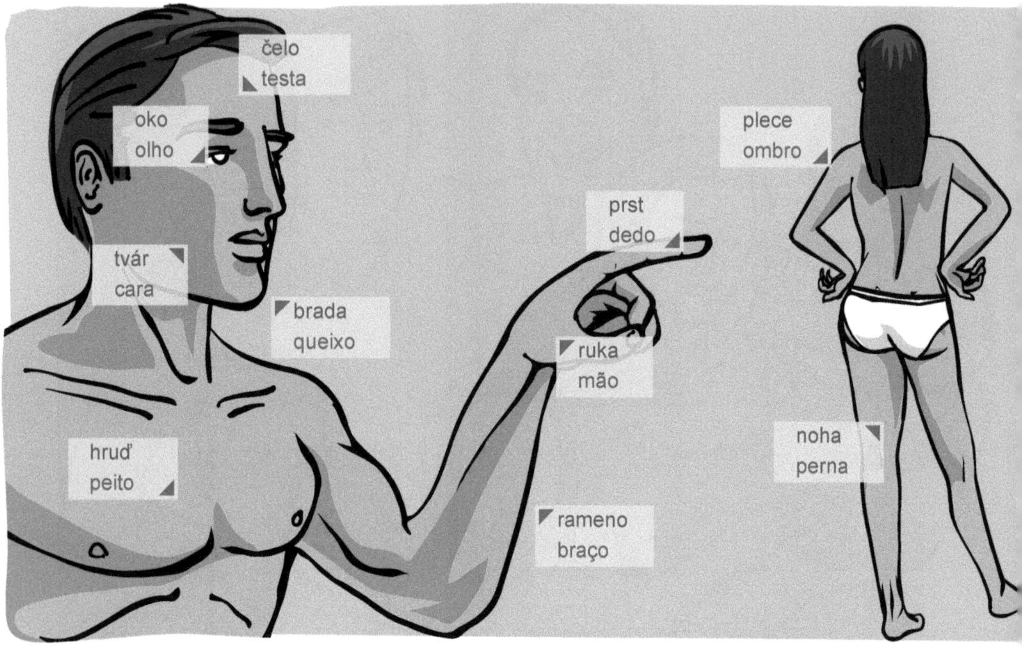

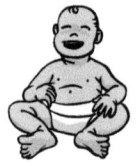

bábo
bebé

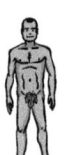

muž
homem

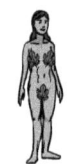

žena
mulher

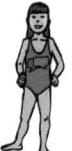

dievča
menina

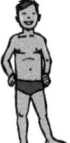

chlapec
menino

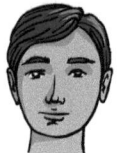

hlava
cabeça

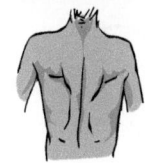

chrbát

costas

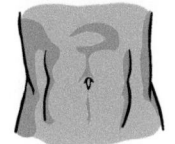

brucho

barriga

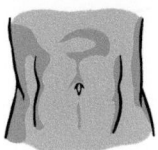

pupok

umbigo

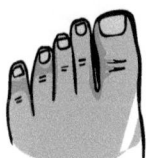

prst na nohe

dedo do pé

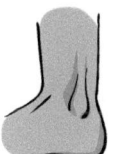

päta

calcanhar

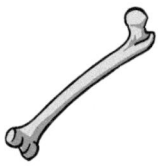

kosť

osso

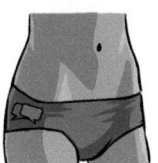

bok

anca

koleno

joelho

lakeť

cotovelo

nos

nariz

zadok

nádegas

koža

pele

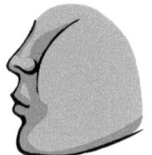

líce

bochecha

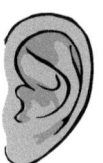

ucho

orelha

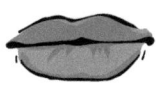

pery

lábio

ústa

boca

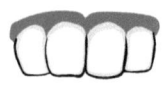

zub

dente

jazyk

língua

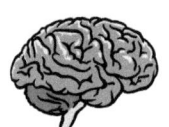

mozog

cérebro

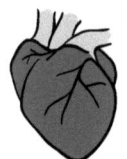

srdce

coração

svaly

músculo

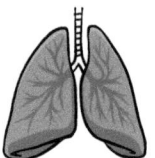

pľúca

pulmão

pečeň

fígado

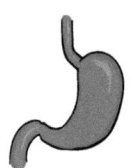

žalúdok

estômago

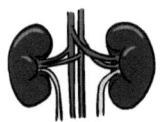

obličky

rins

pohlavný styk

relações sexuais

kondóm

preservativo

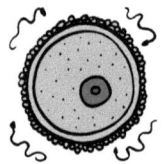

vaječná bunka

óvulo

semeno

esperma

tehotenstvo

gravidez

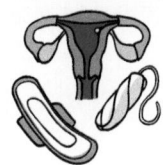

menštruácia

menstruação

vagína

vagina

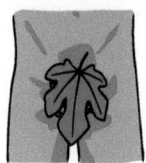

penis

pénis

obočie

sobrancelha

vlasy

cabelo

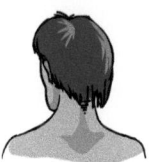

krk

pescoço

nemocnica
hospital

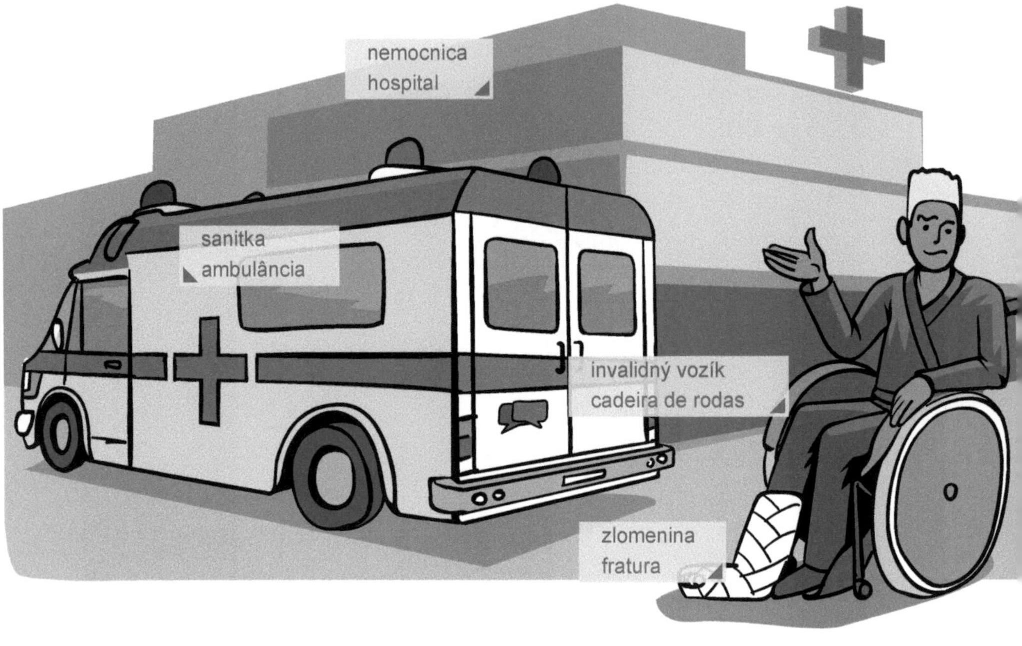

nemocnica
hospital
sanitka
ambulância
invalidný vozík
cadeira de rodas
zlomenina
fratura

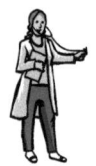

lekár

médico

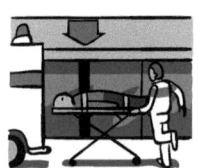

urgentný príjem

serviço de urgências

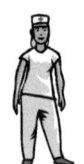

sestrička

enfermeira

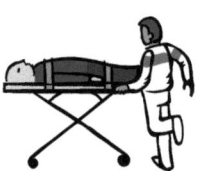

urgentný prípad

emergência

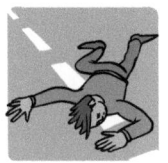

v bezvedomí

inconsciente

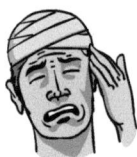

bolesť

dor

zranenie

ferimento

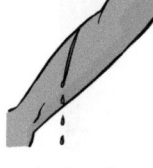

krvácanie

hemorragia

srdcový infarkt

ataque cardíaco

mozgová porážka

acidente vascular cerebral

alergia

alergia

kašeľ

tosse

teplota

febre

chrípka

gripe

hnačka

diarreia

bolesť hlavy

dor de cabeça

rakovina

cancro

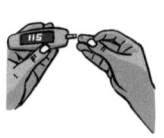

cukrovka

diabetes

chirurg

cirurgião

skalpel

bisturi

operácia

operação

CT
CT

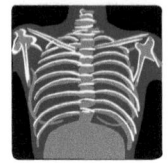

RTG
raio x

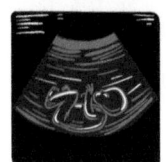

ultrazvuk
ultrassom

maska
máscara

choroba
doença

čakáreň
sala de espera

barla
muleta

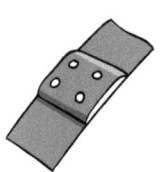

náplasť
penso rápido

obväz
ligadura

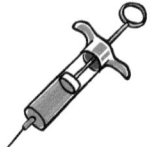

injekcia
injeção

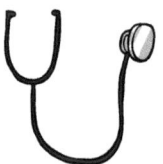

fonendoskop
estetoscópio

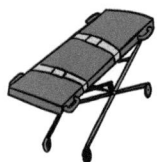

nosidlá
maca

teplomer
termómetro

pôrod
nascimento

nadváha
excesso de peso

audiofón

aparelho auditivo

dezinfekčný prostriedok

desinfetante

infekcia

infeção

vírus

vírus

HIV / AIDS

HIV / SIDA

medicína

medicamento

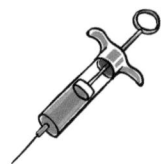

očkovanie

vacinação

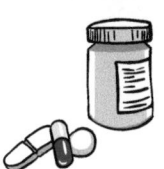

tabletky

comprimidos

antikoncepčná pilulka

pílula

tiesňové volanie

chamada de emergência

tlakomer

dispositivo de medição de
pressão arterial

chorý / zdravý

doente / saudável

Pomoc!

Socorro!

alarm

alarme

prepad

assalto

útok

ataque

nebezpečenstvo

perigo

núdzový východ

saída de emergência

Horí!

Fogo!

hasičský prístroj

extintor de incêndios

nehoda

acidente

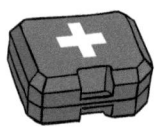

kufrík prvej pomoci

estojo de primeiros socorros

SOS

SOS

polícia

polícia

Európa
....
Europa

Severná Amerika
....
América do Norte

Južná Amerika
....
América do Sul

Afrika
....
África

Ázia
....
Ásia

Austrália
....
Austrália

Atlantický oceán
....
Atlântico

Tichý oceán
....
Pacífico

Indický oceán
....
Oceano Índico

Južný oceán
....
Oceano Antártico

Severný ľadový oceán
....
Oceano Ártico

Severný pól
....
Polo Norte

Južný pól
Polo Sul

Antarktída
Antártica

Zem
terra

krajina
país

more
mar

ostrov
ilha

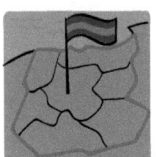

národ
nação

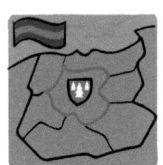

štát
estado

ciferník

mostrador do relógio

hodinová ručička

ponteiro das horas

minútová ručička

ponteiro dos minutos

sekundová ručička

ponteiro dos segundos

Koľko je hodín?

Que horas são?

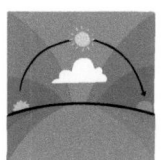

deň

dia

čas

tempo

teraz

agora

digitálne hodiny

relógio digital

minúta

minuto

hodina

hora

týždeň
semana

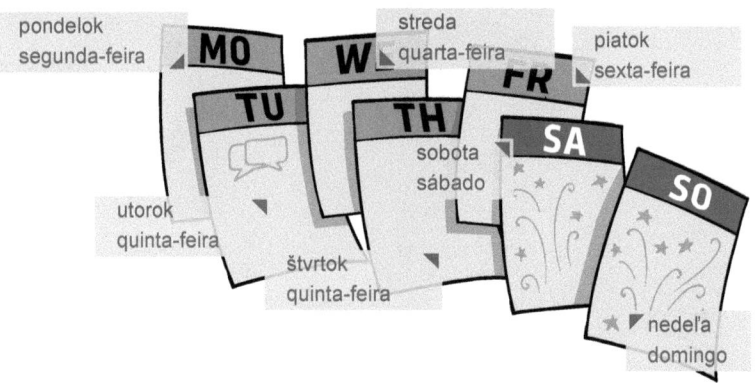

pondelok
segunda-feira

streda
quarta-feira

piatok
sexta-feira

utorok
quinta-feira

štvrtok
quinta-feira

sobota
sábado

nedeľa
domingo

včera
ontem

dnes
hoje

zajtra
amanhã

ráno
manhã

poludnie
meio-dia

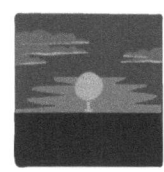

večer
entardecer

MO	TU	WE	TH	FR	SA	SU
1	2	3	4	5	6	7
8	9	10	11	12	13	14
15	16	17	18	19	20	21
22	23	24	25	26	27	28
29	30	31	1	2	3	4

pracovné dni
dias úteis

MO	TU	WE	TH	FR	SA	SU
1	2	3	4	5	6	7
8	9	10	11	12	13	14
15	16	17	18	19	20	21
22	23	24	25	26	27	28
29	30	31	1	2	3	4

víkend
fim de semana

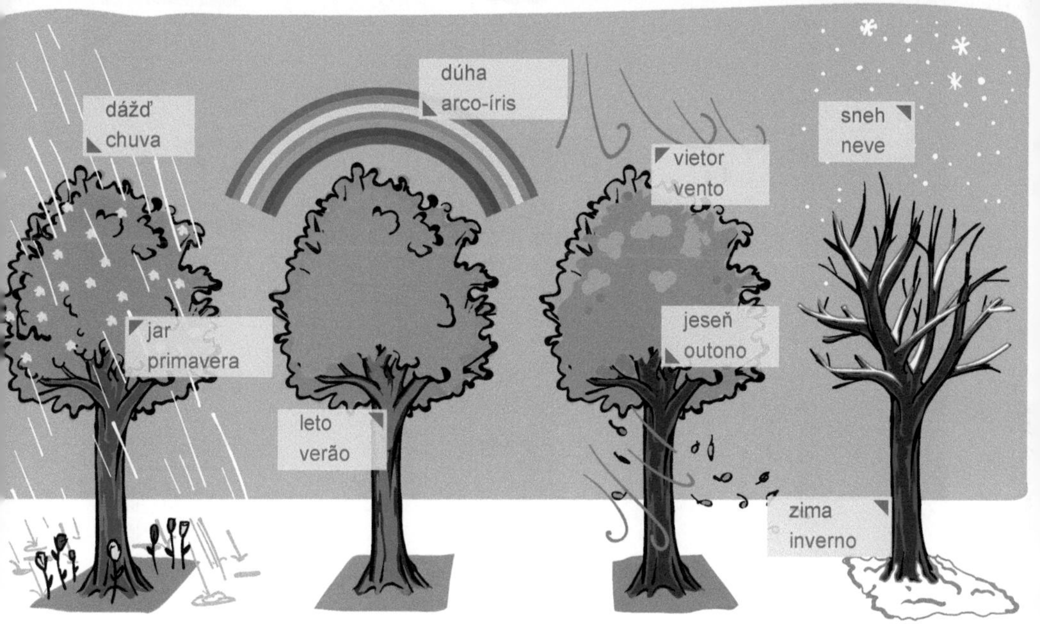

dážď
chuva
dúha
arco-íris
vietor
vento
sneh
neve
jar
primavera
leto
verão
jeseň
outono
zima
inverno

4.APRIL 11°
5.APRIL 4°
6.APRIL 13°
7.APRIL 8°
8.APRIL 10°

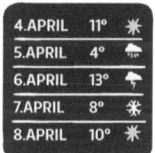

predpoveď počasia

previsão do tempo

F C
120 40
90 30
60 20
30 10
0 0
-30 -10
-20

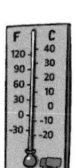

teplomer

termómetro

slnečný svit

raios de sol

oblak

nuvem

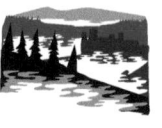

hmla

neblina / nevoeiro

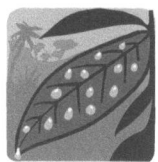

vlhkosť vzduchu

humidade do ar

blesk
relâmpago

hrom
trovão

búrka
tempestade

krúpy
granizo

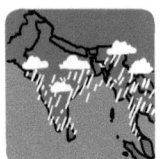

monzún
monção

záplava
inundação

ľad
gelo

január
janeiro

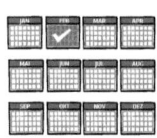

február
fevereiro

marec
março

apríl
abril

máj
maio

jún
junho

júl
julho

august
agosto

september
....
setembro

október
....
outubro

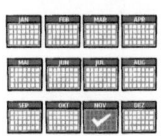

november
....
novembro

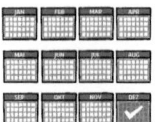

december
....
dezembro

kruh
....
círculo

štvorec
....
quadrado

obdĺžnik
....
retângulo

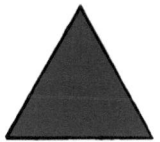

trojuholník
....
triângulo

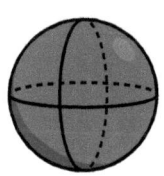

guľa
....
esfera

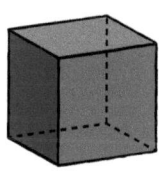

kocka
....
cubo

biela

branco

žltá

amarelo

oranžová

laranja

ružová

rosa

červená

vermelho

fialová

lilás

modrá

azul

zelená

verde

hnedá

castanho

šedá

cinzento

čierna

preto

veľa / málo

muito / pouco

zúrivý / pokojný

furioso / calmo

pekný / škaredý

lindo / feio

začiatok / koniec

princípio / fim

veľký / malý

grande / pequeno

svetlý / tmavý

claro / escuro

brat / sestra

irmão / irmã

čistý / špinavý

limpo / sujo

úplný / neúplný

completo / incompleto

deň / noc

dia / noite

mŕtvy / živý

morto / vivo

široký / úzky

largo / estreito

chutný / nechutný

comestível / não comestível

zlostný / láskavý

mau / gentil

vzrušený / unudený

entusiasmado / entediado

tlstý / chudý

gordo / magro

prvý / posledný

primeiro / último

priateľ / nepriateľ

amigo / inimigo

plný / prázdny

cheio / vazio

tvrdý / mäkký

duro / macio

ťažký / ľahký

pesado / leve

hlad / smäd

fome / sede

chorý / zdravý

doente / saudável

nelegálny / legálny

ilegal / legal

inteligentný / hlúpy

inteligente / burro

vľavo / vpravo

esquerda / direita

blízko / ďaleko

perto / longe

nový / použitý

novo / usado

nič / niečo

nada / algo

starý / mladý

velho / jovem

zapnuté / vypnuté

ligado / desligado

otvorené / zatvorené

aberto / fechado

tichý / hlasný

baixo / alto

bohatý / chudobný

rico / pobre

správne / nesprávne

certo / errado

drsný / hladký

áspero / liso

smutný / šťastný

triste / feliz

krátky / dlhý

curto / longo

pomaly / rýchlo

lento / rápido

mokrý / suchý

molhado / seco

teplý / studený

ameno / fresco

vojna / mier

guerra / paz

0	**1**	**2**
nula	jeden	dva
zero	um	dois

3	**4**	**5**
tri	štyri	päť
três	quatro	cinco

6	**7**	**8**
šesť	sedem	osem
seis	sete	oito

9	**10**	**11**
deväť	desať	jedenásť
nove	dez	onze

12	**13**	**14**
dvanásť	trinásť	štrnásť
doze	treze	catorze

15	**16**	**17**
pätnásť	šestnásť	sedemnásť
quinze	dezasseis	dezassete

18	**19**	**20**
osemnásť	devätnásť	dvadsať
dezoito	dezanove	vinte

100	**1.000**	**1.000.000**
sto	tisíc	milión
cem	mil	milhão

jazyky
idiomas

angličtina
....
inglês

americká angličtina
....
inglês americano

mandarínska čínština
....
chinês mandarim

hindčina
....
hindi

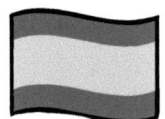

španielčina
....
espanhol

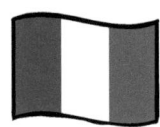

francúzština
....
francês

arabčina
....
árabe

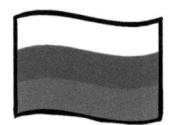

ruština
....
russo

portugalčina
....
português

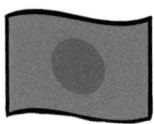

bengálčina
....
bengalês

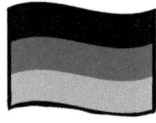

nemčina
....
alemão

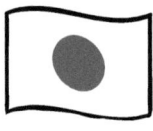

japončina
....
japonês

ja
eu

ty
tu

on/ona/ono
ele / ela

my
nós

vy
vós

oni
eles / elas

kto?
quem?

čo?
o quê?

ako?
como?

kde?
onde?

kedy?
quando?

meno
nome

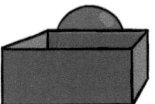

za
....
atrás

v
....
em

pred
....
à frente de

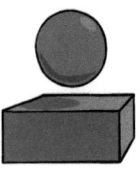

nad
....
sobre

na
....
em cima

pod
....
debaixo

vedľa
....
ao lado

medzi
....
entre

miesto
....
lugar